أبدو رائعا

١-

٢-

٣-

٤-

٥-

* استخدم ألوان مختلفة

أبدو
رائعا

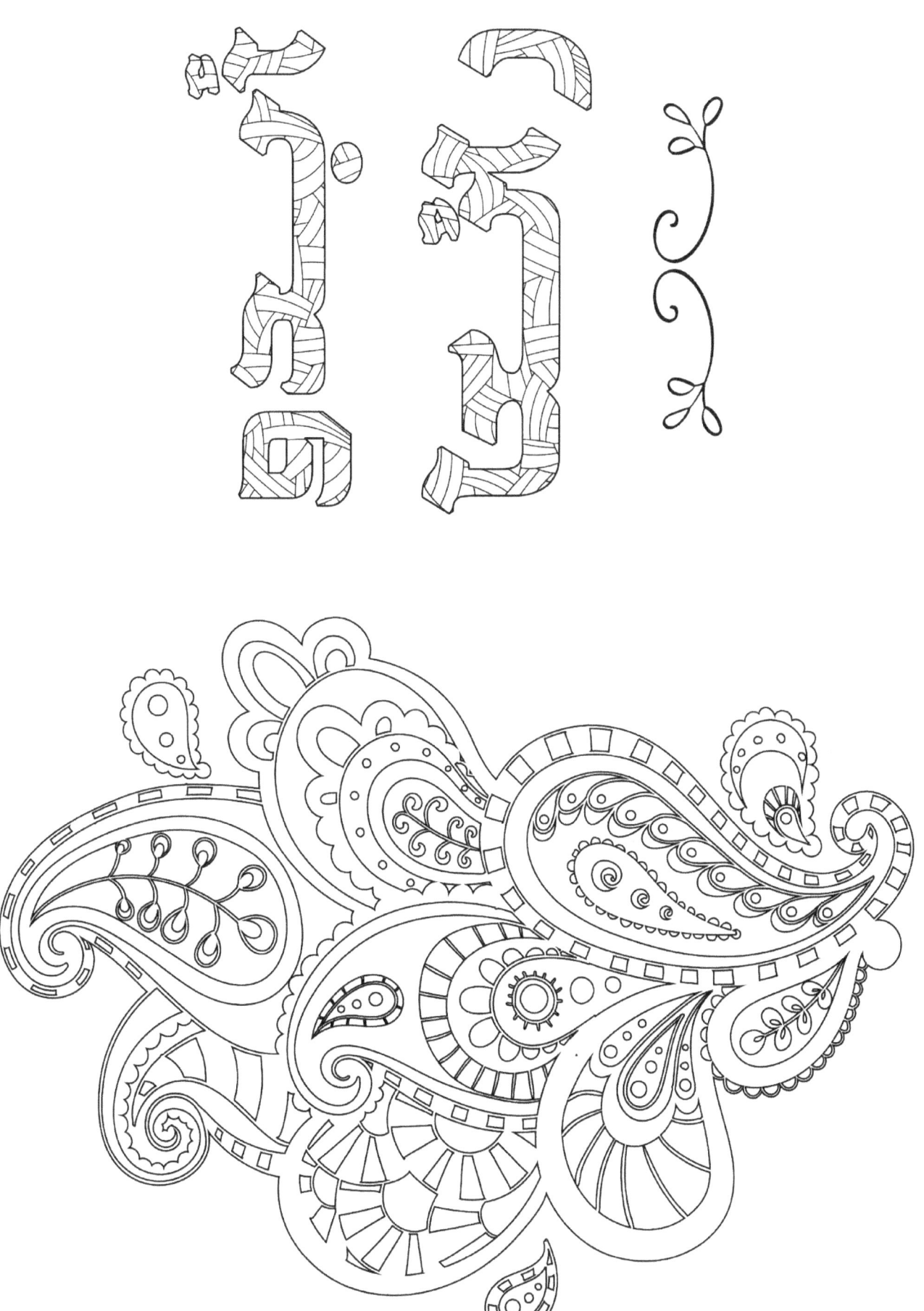

أستطيع الاقلاع عن التدخين

١-

٢-

٣-

٤-

٥-

* استخدم ألوان مختلفة

أستطيع
الاقلاع عن
التدخين

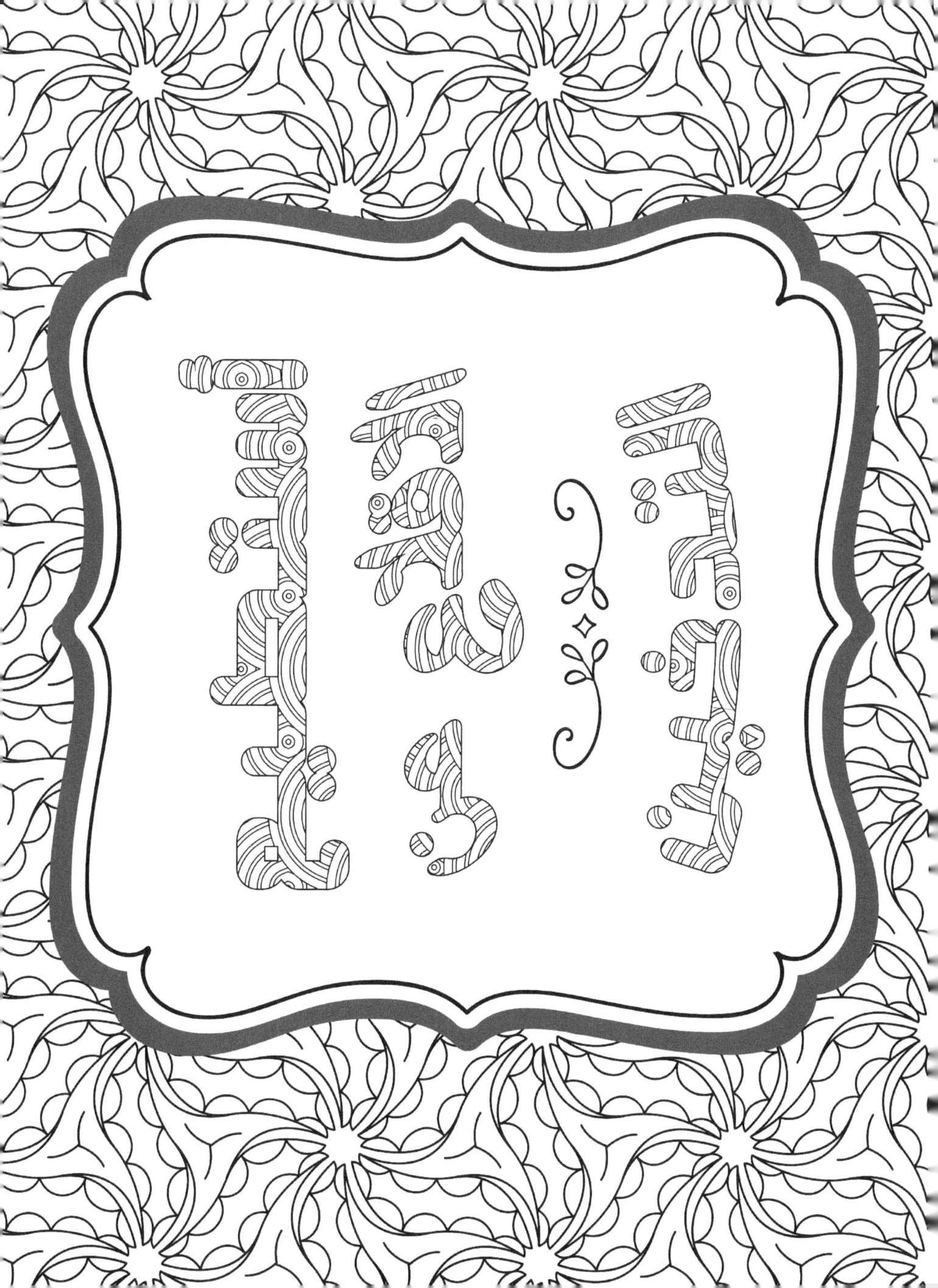

أنا مستعد للاقلاع عن التدخين

١-

٢-

٣-

٤-

٥-

* استخدم ألوان مختلفة

أنا مستعد للإقلاع عن التدخين

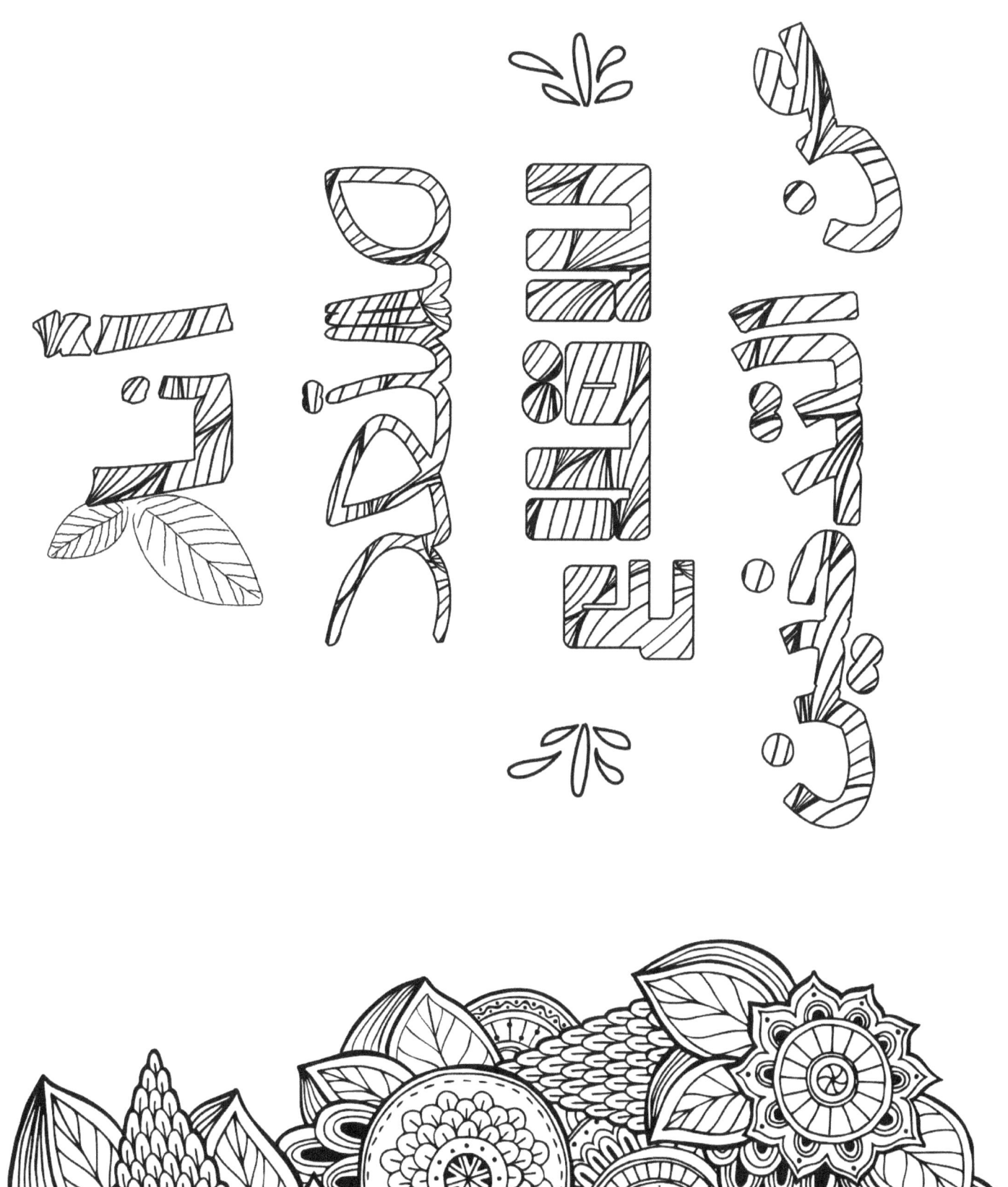

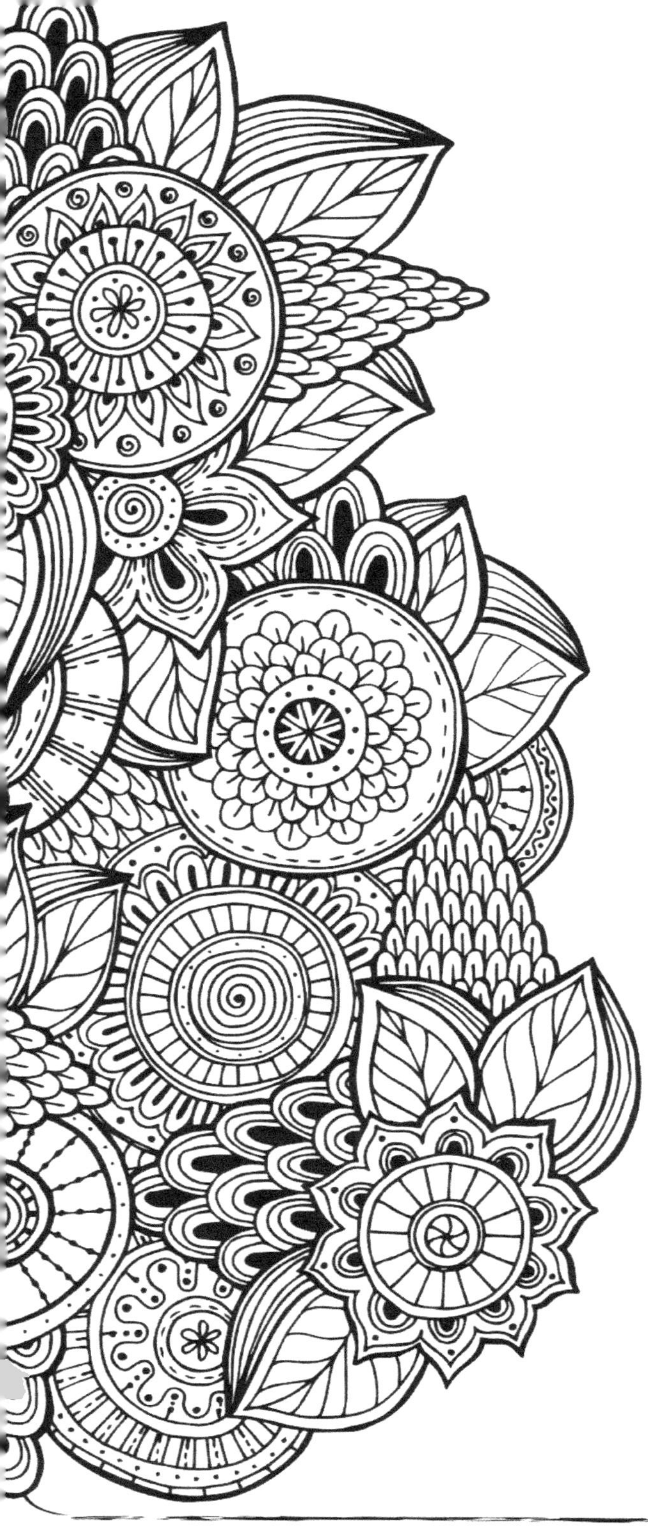

أنا أتحكم بحياتي

١-

٢-

٣-

٤-

٥-

* استخدم ألوان مختلفة

أنا أتحكم
بحياتي

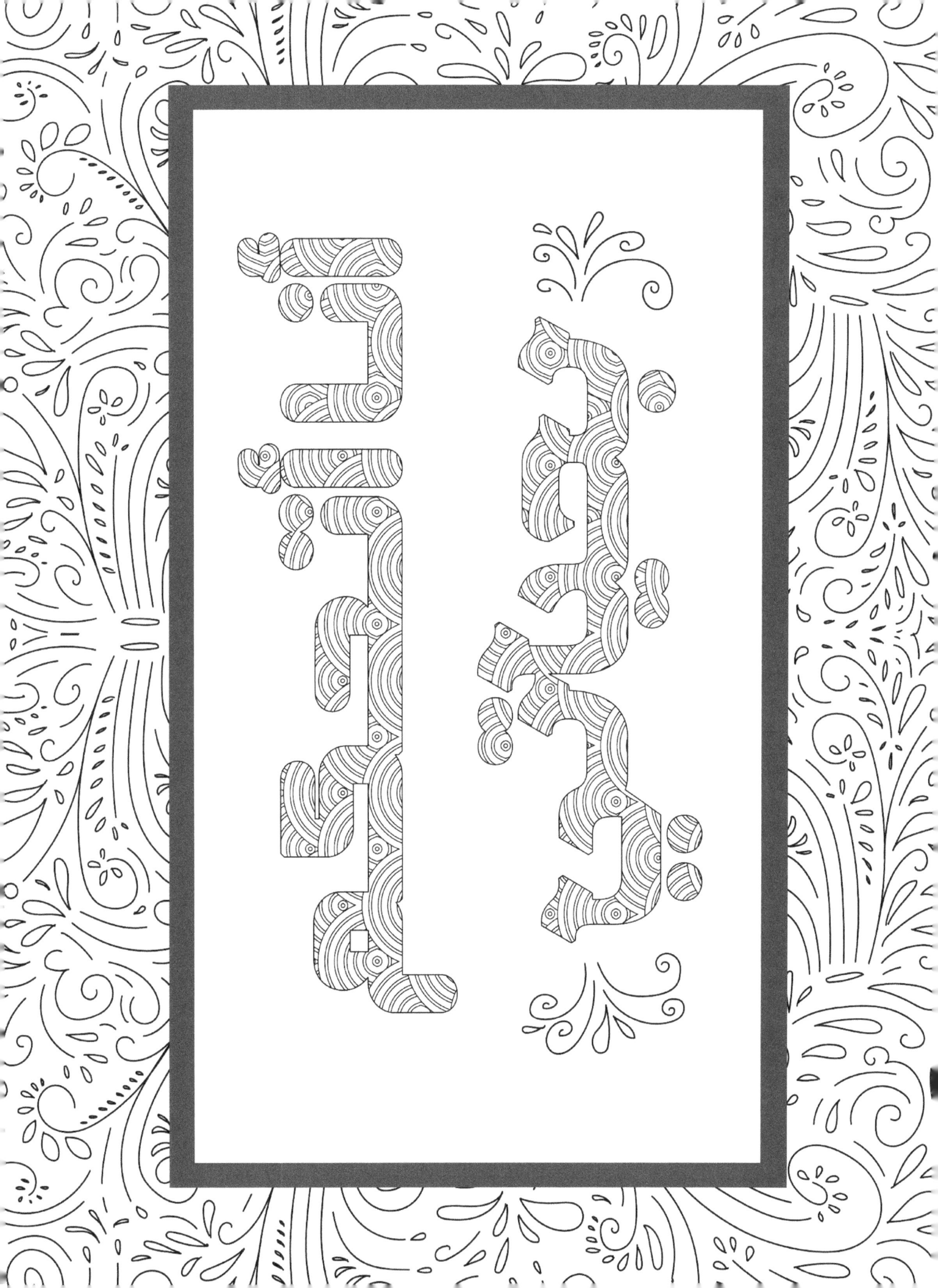

أنا مفعم بالحيوية بدون التدخين

١-

٢-

٣-

٤-

٥-

أنا مفعم بالحيوية بدون التدخين

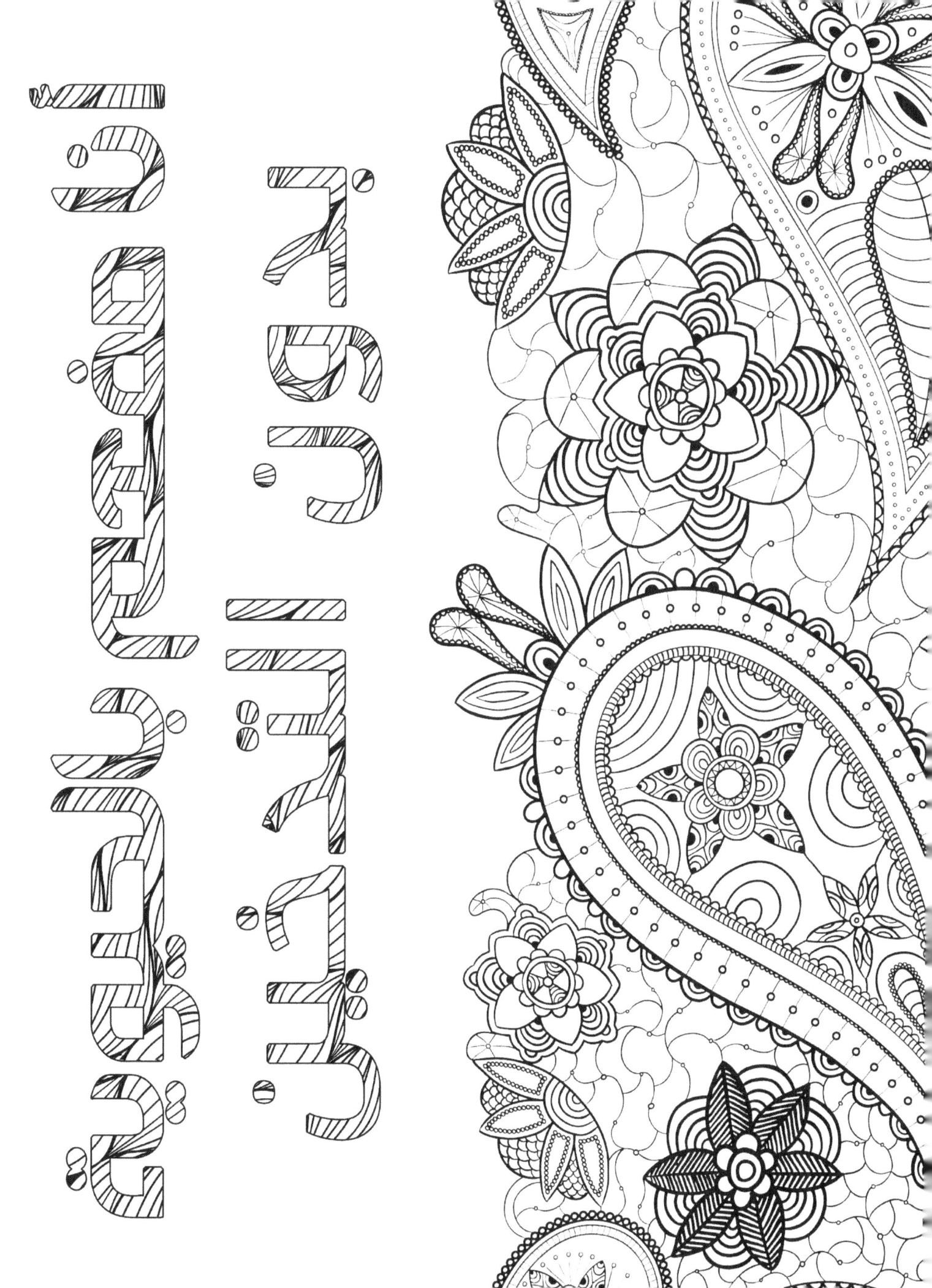

تحررت من شرب السجائر

١-

٢-

٣-

٤-

٥-

* *استخدم ألوان مختلفة*

تحررت من
شرب السجائر

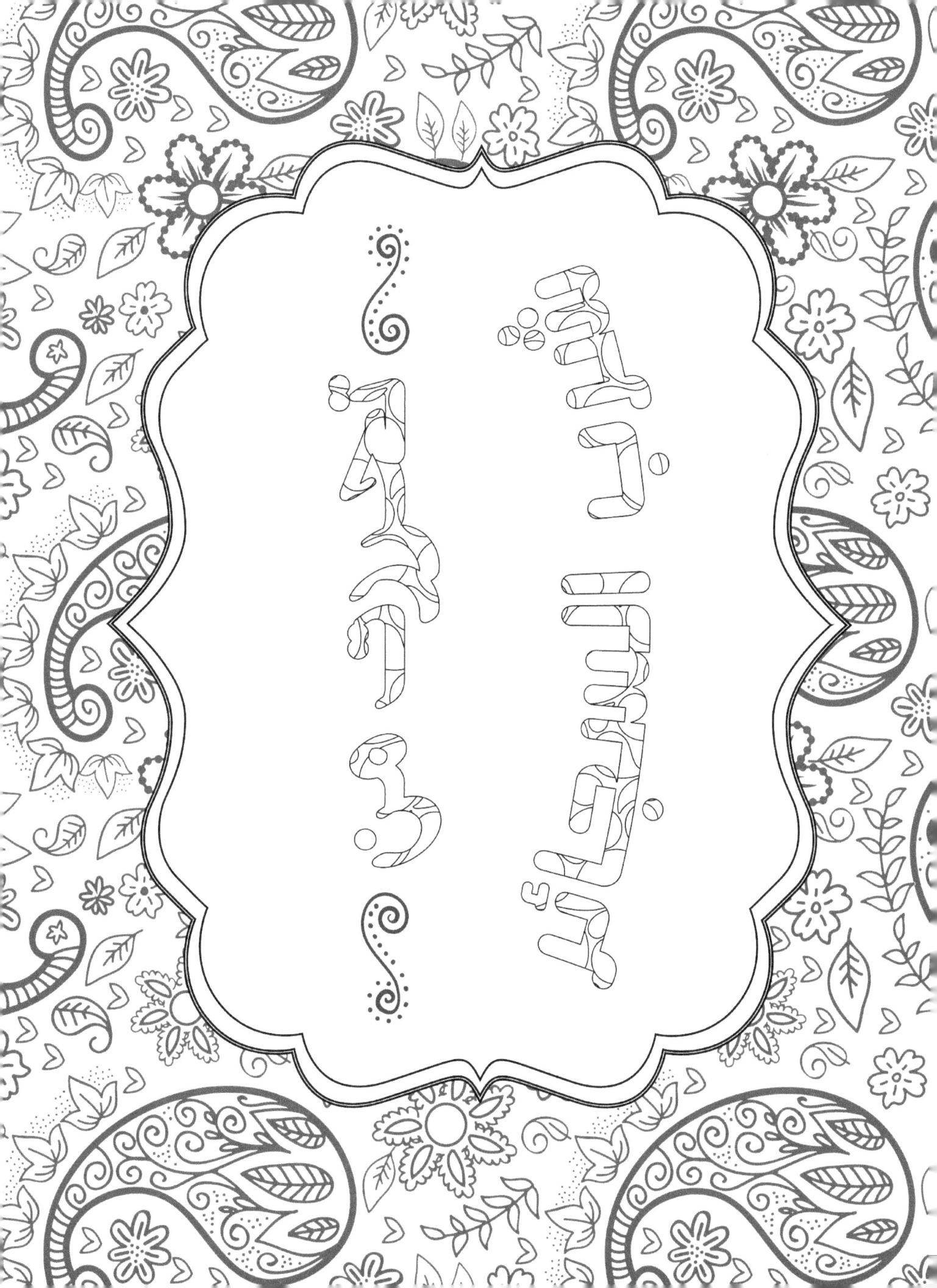

أكره رائحة الدخان

١-

٢-

٣-

٤-

٥-

* *استخدم ألوان مختلفة*

أكره
رائحة الدخان

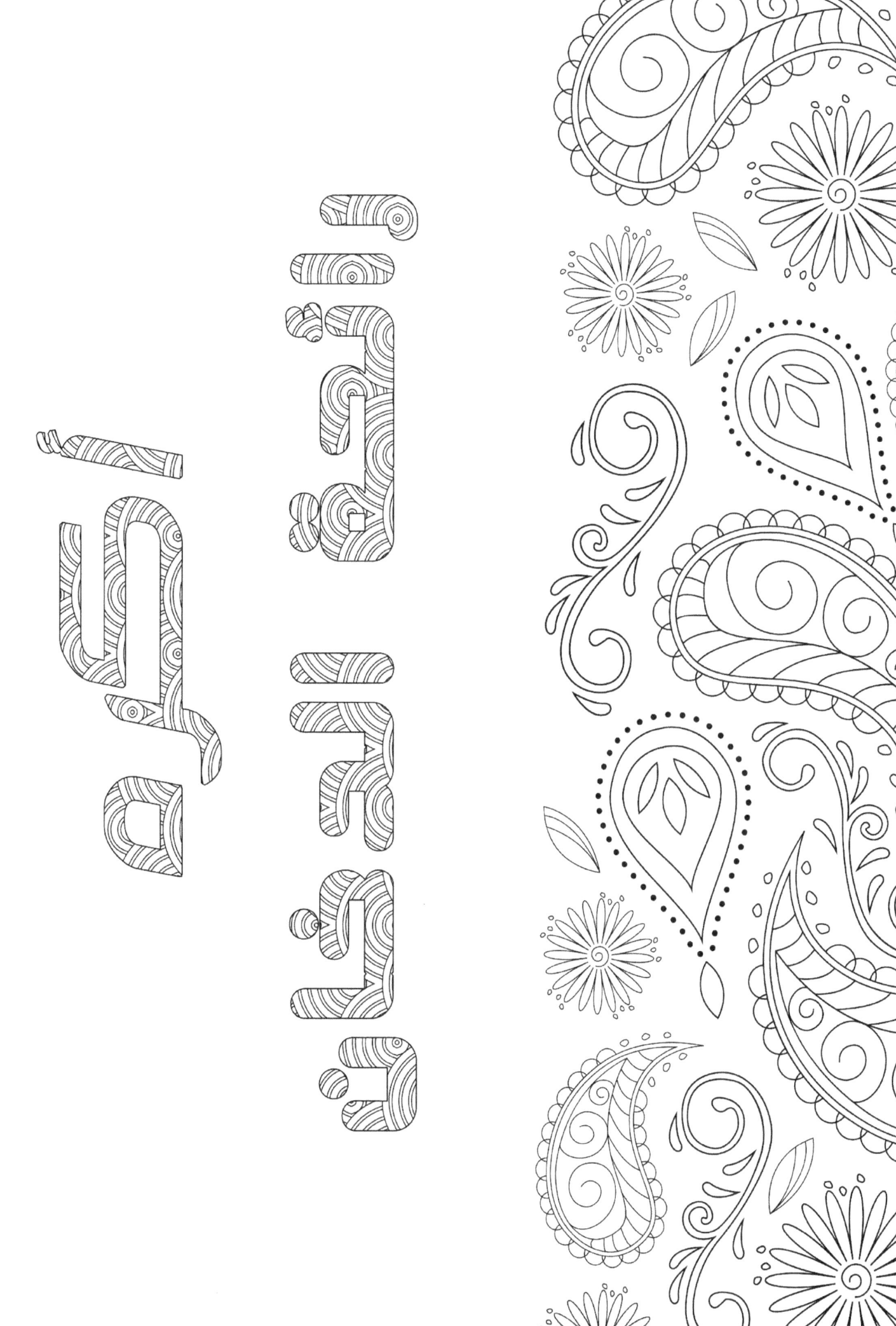

أنا مسيطر

١-

٢-

٣-

٤-

٥-

* استخدم ألوان مختلفة

أنا مسيطر

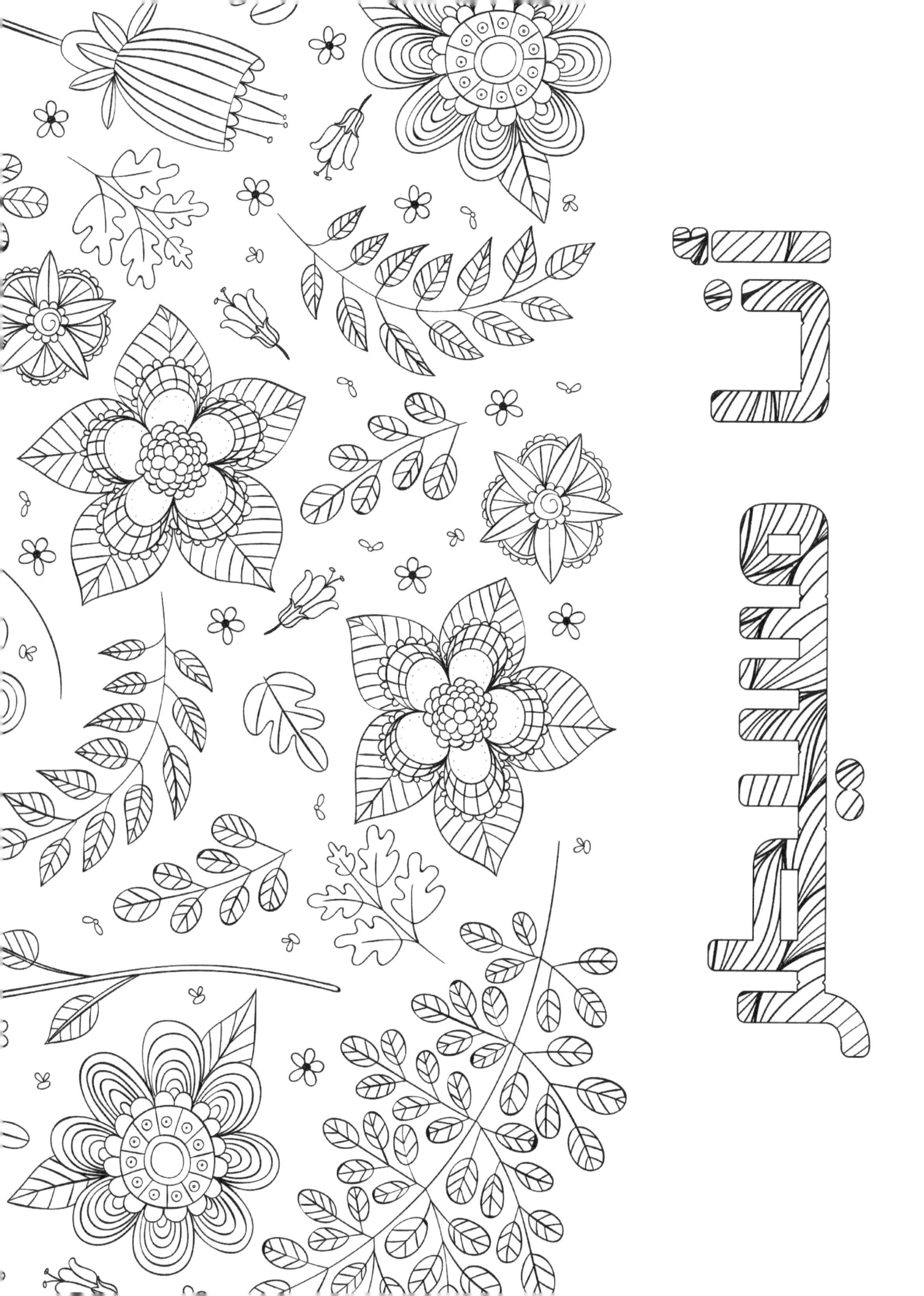

أكره طعم الدخان

١-

٢-

٣-

٤-

٥-

* استخدم ألوان مختلفة

أكره
طعم
الدخان

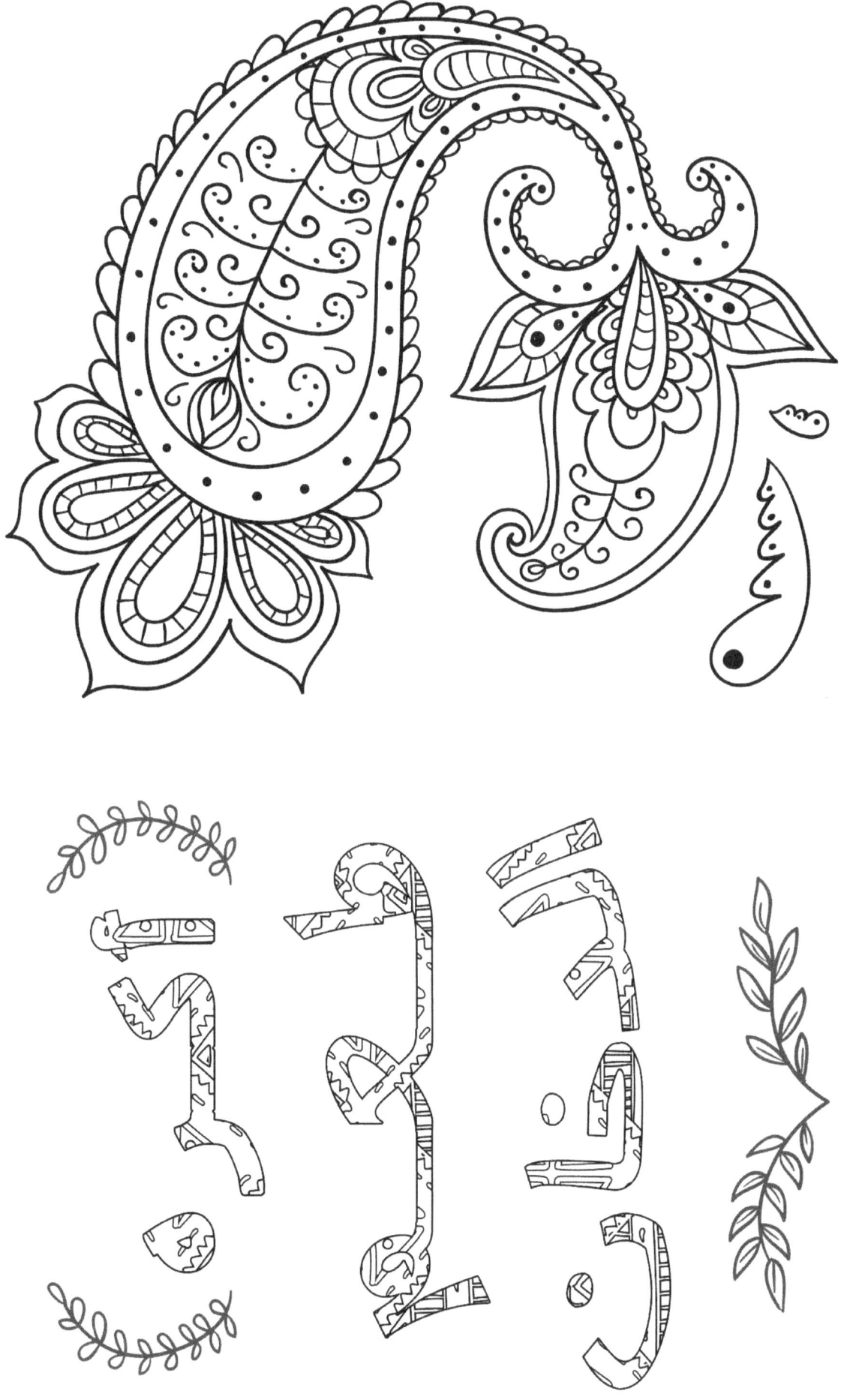

أنا بخير مع كوني سأقلع عن التدخين

١-

٢-

٣-

٤-

٥-

استخدم ألوان مختلفة

أنا بخير مع كوني

مقلعة عن

التدخين

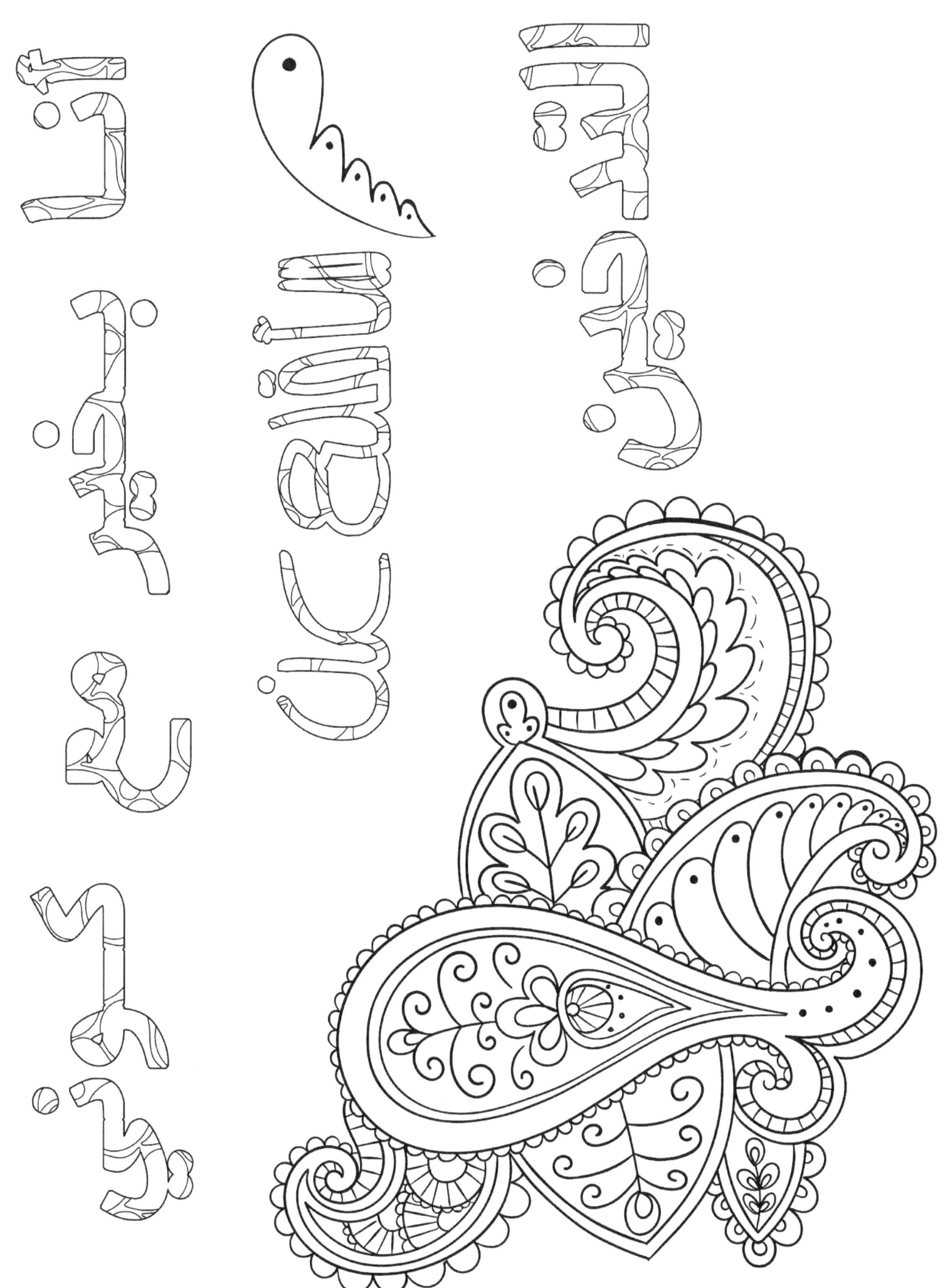

أحب العادات الصحية

١-

٢-

٣-

٤-

٥-

* استخدم ألوان مختلفة

أحب
العلاقات
الصحية

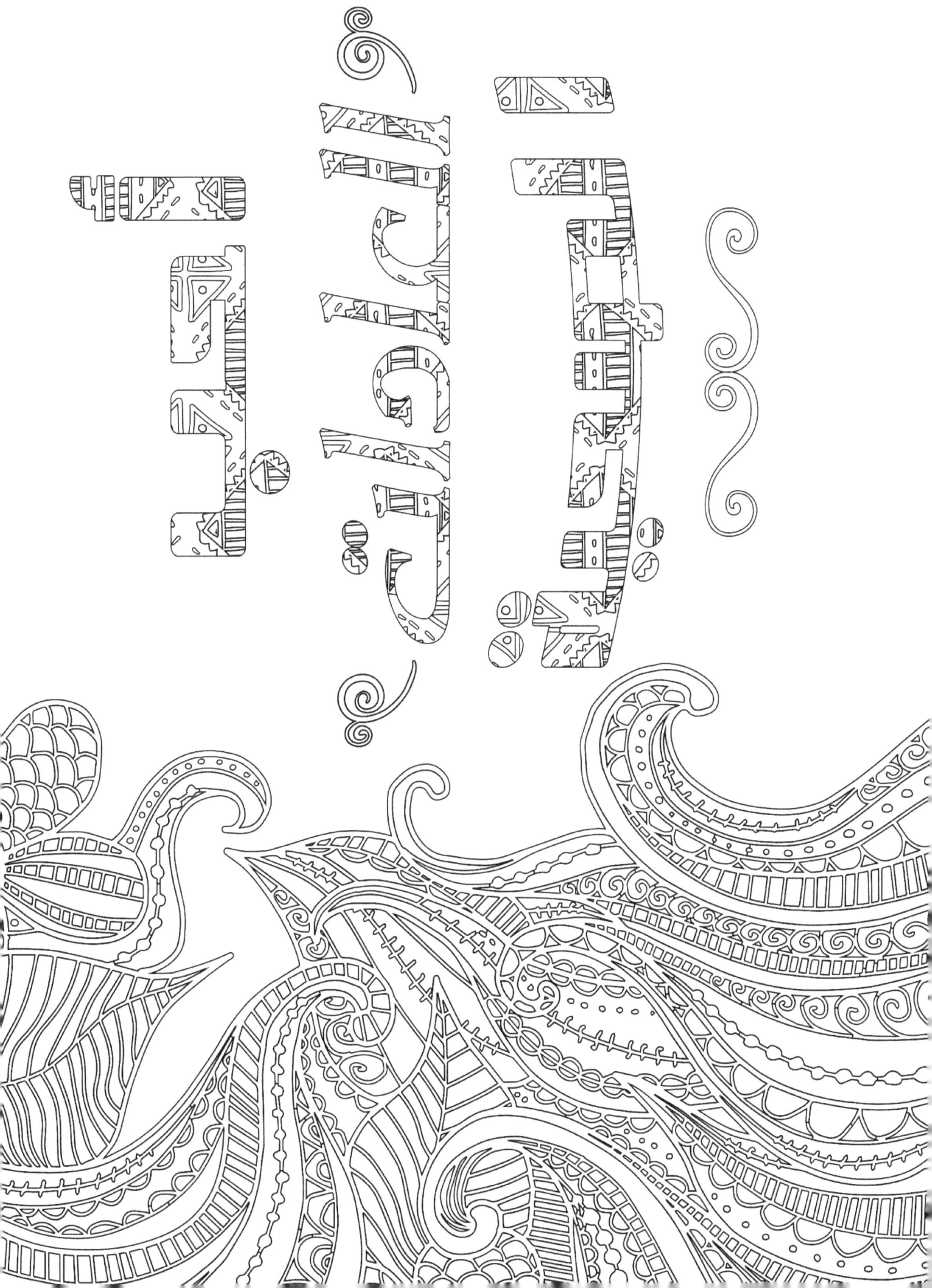

أرغب باستنشاق الهواء النقي

١-

٢-

٣-

٤-

٥-

* استخدم ألوان مختلفة

أرغب باستنشاق
الهواء النقي

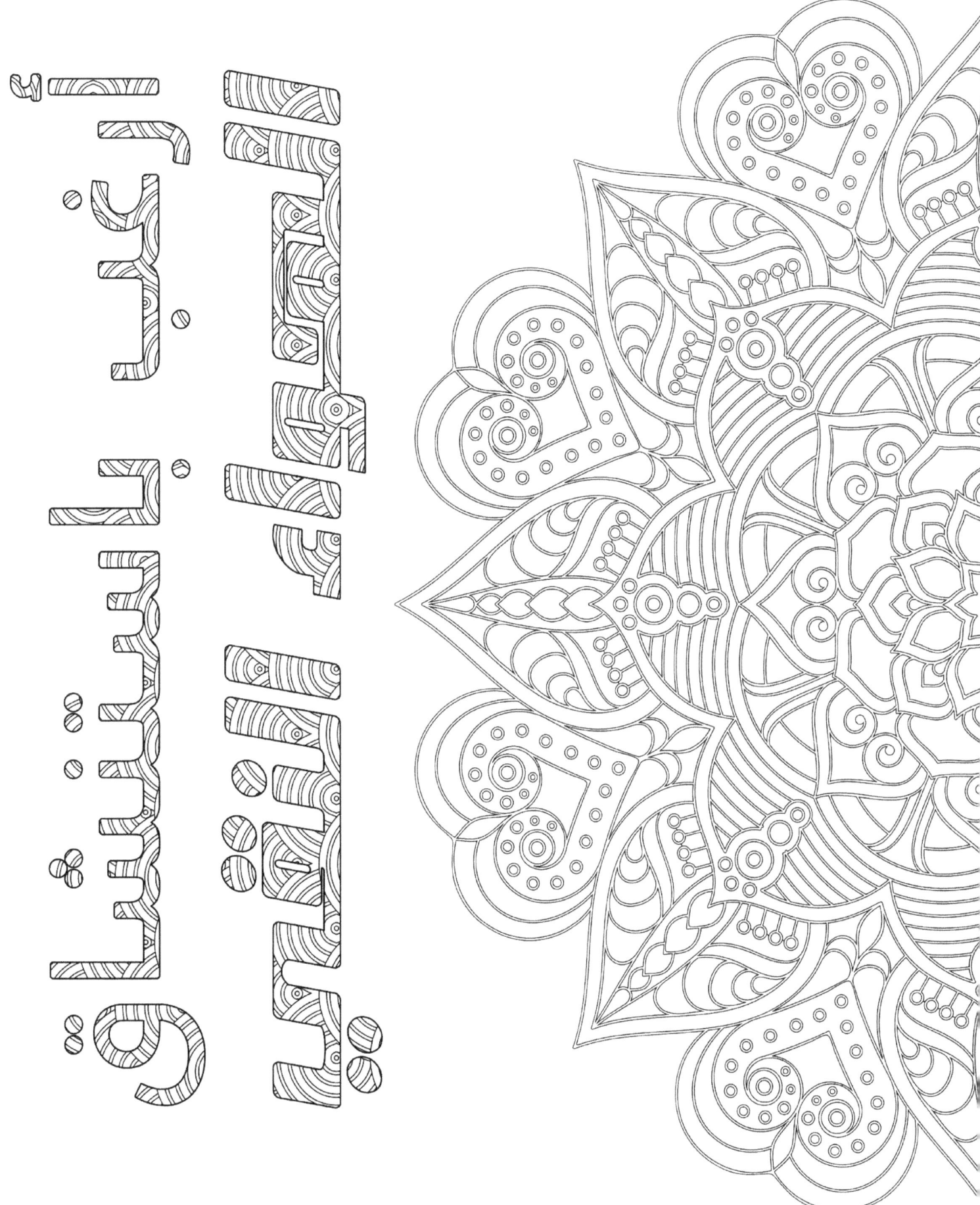

أنا أقوى بدون التدخين

١-

٢-

٣-

٤-

٥-

* استخدم ألوان مختلفة

أنا
أقوى
بدون
التدخين

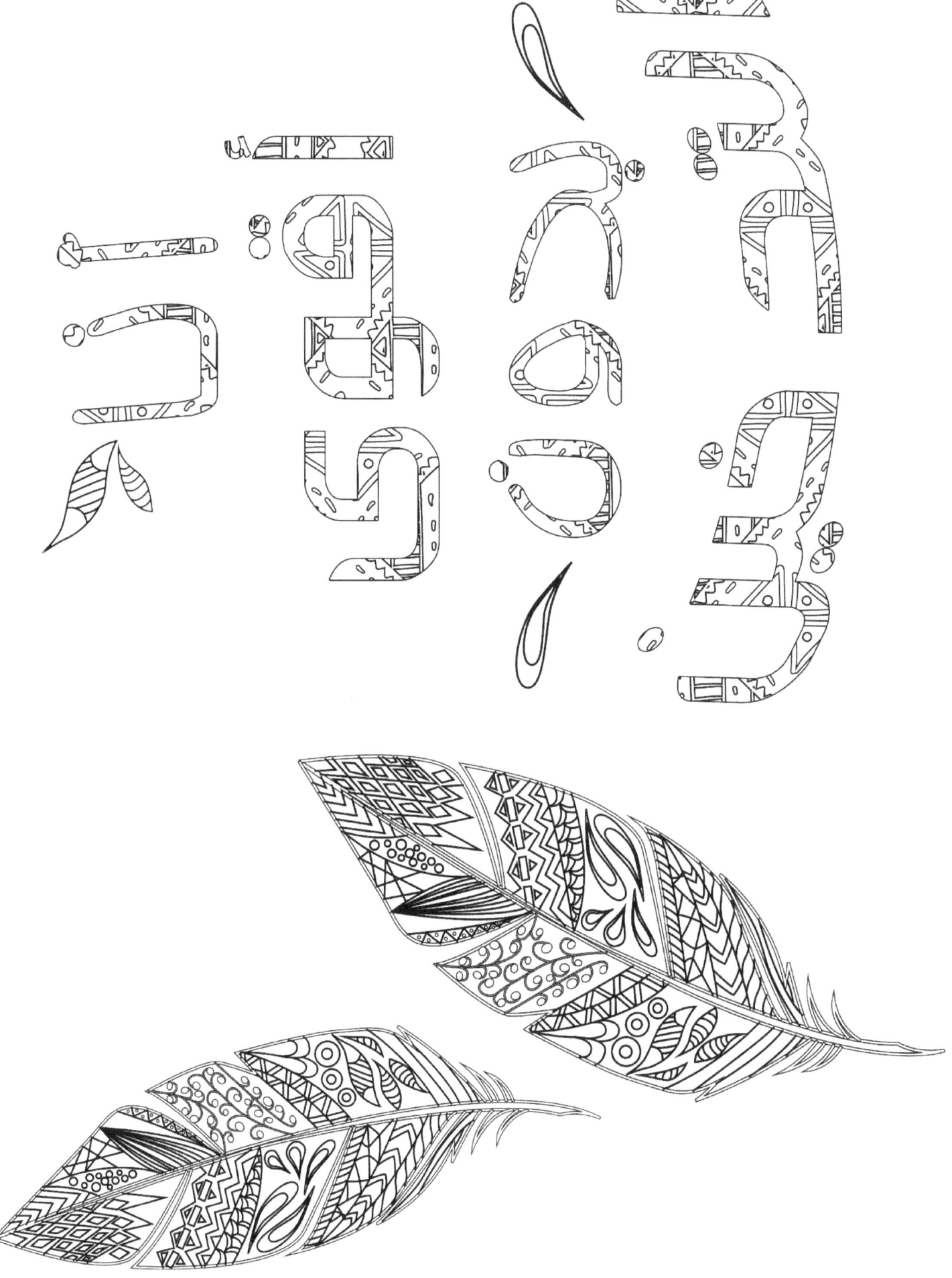

أستحق أن أتحرر من الدخان

١-

٢-

٣-

٤-

٥-

* استخدم ألوان مختلفة

أستحق

أن

أتحرر من

الإخفاق

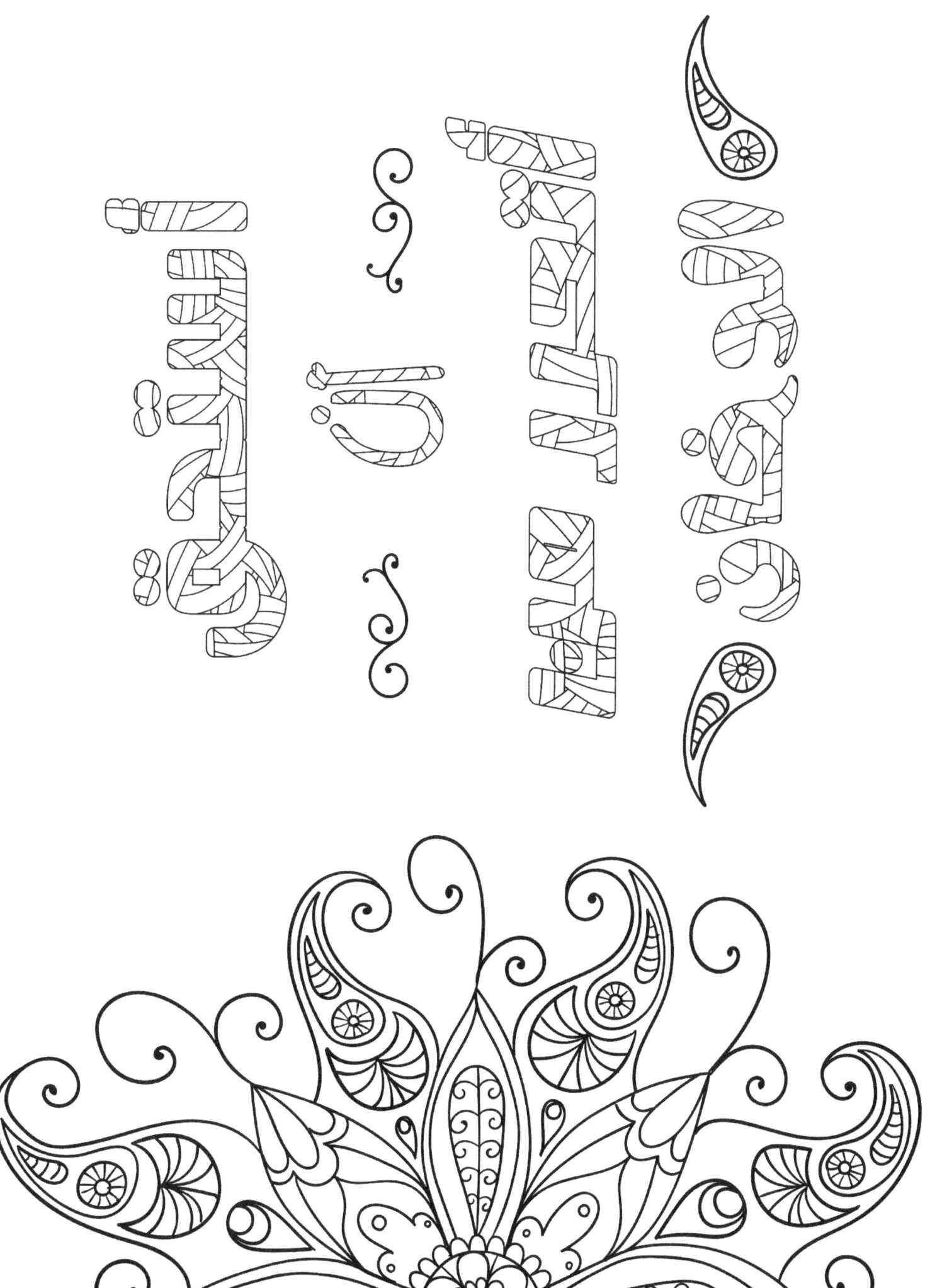

اخترت أن أتنفس الهواء النقي

١-

٢-

٣-

٤-

٥-

* استخدم ألوان مختلفة

اخترت أن أتنفس
الهواء النقي

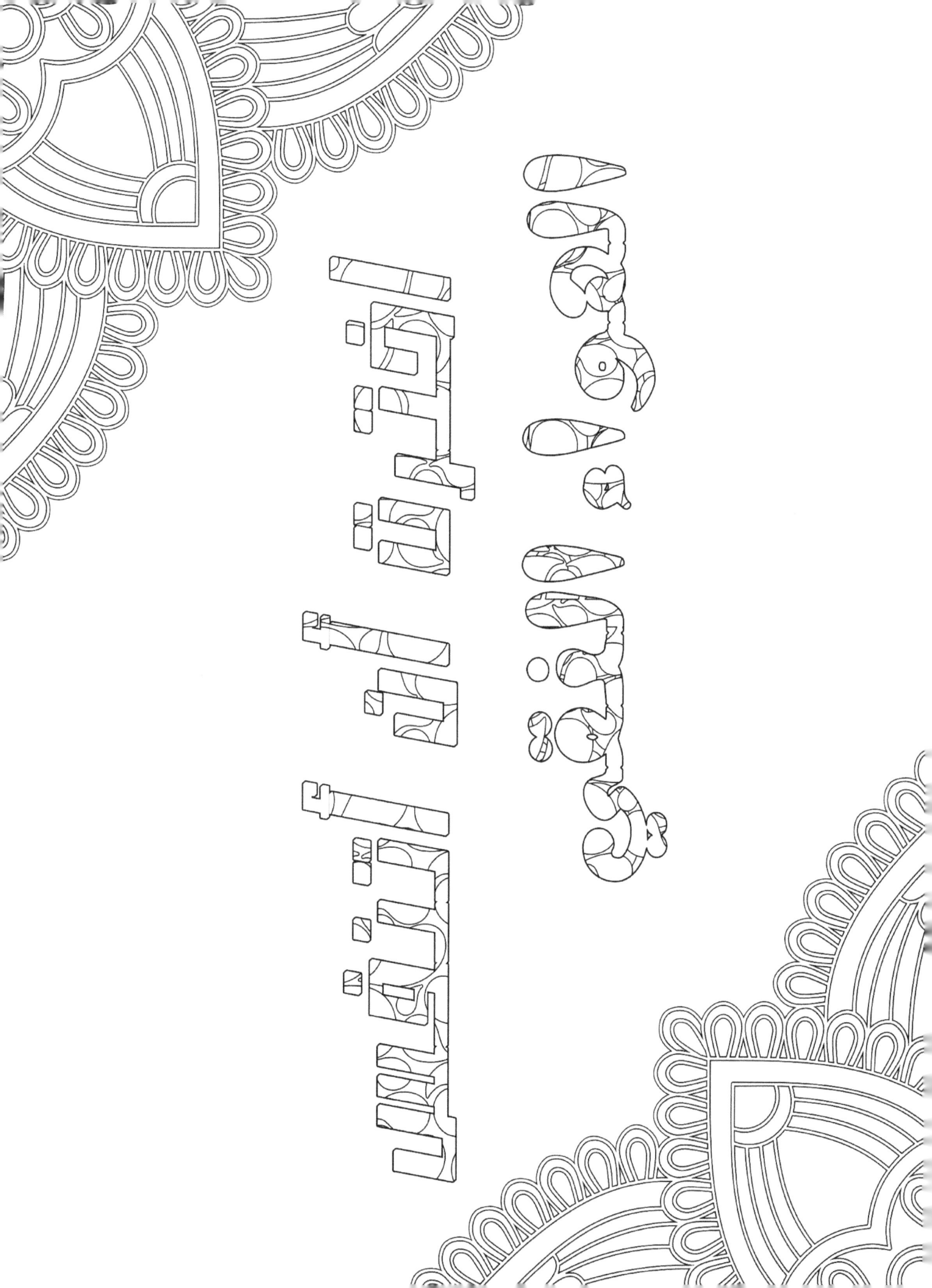

جسمي خالي من السموم

١-

٢-

٣-

٤-

٥-

* استخدم ألوان مختلفة

جسمي خالي من
السموم

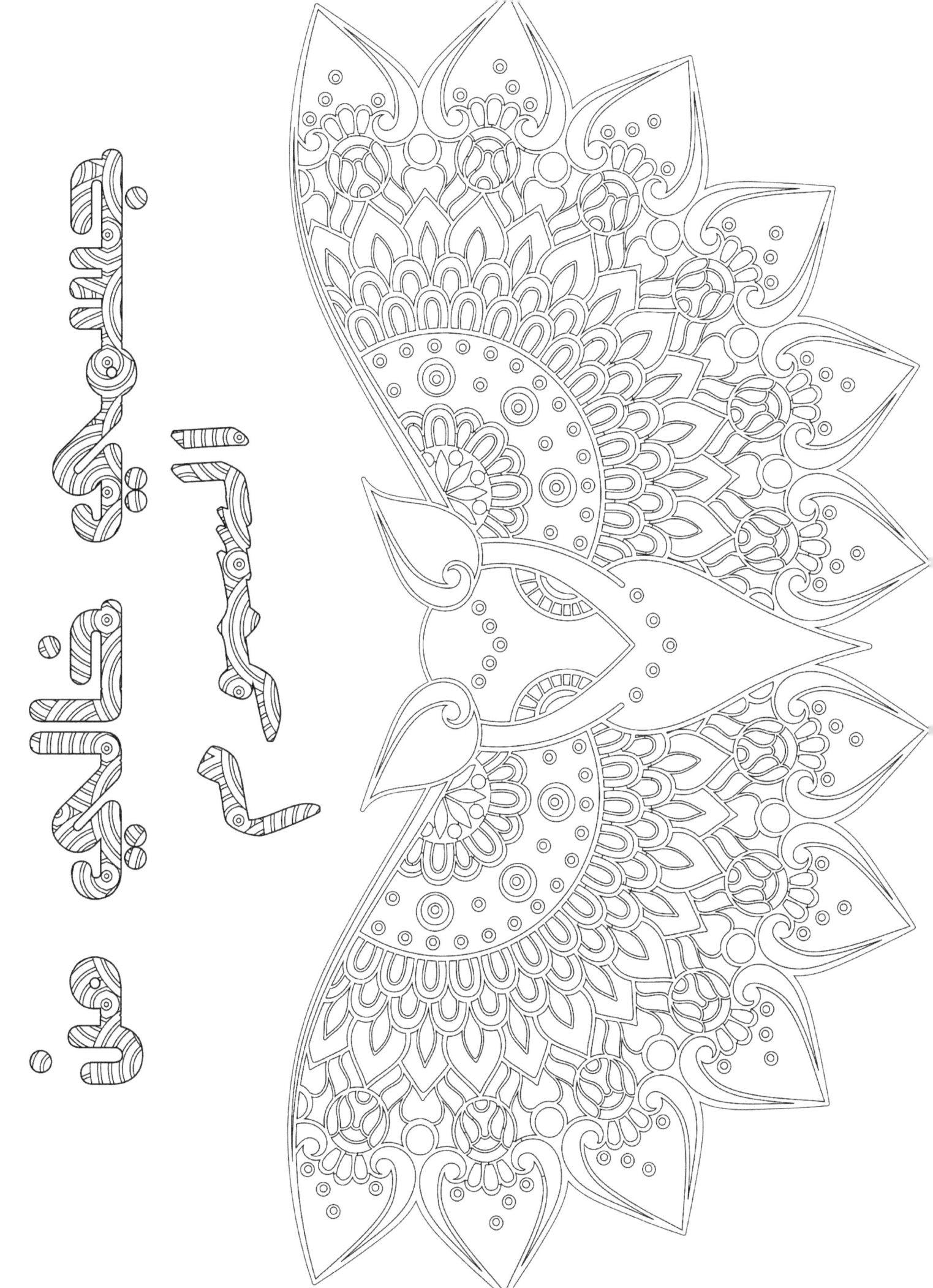

سأعيش حياة أطول بتحرري من التدخين

١-

٢-

٣-

٤-

٥-

* استخدم ألوان مختلفة

سأعيش
حياة أطول
بتحرري من
التدخين

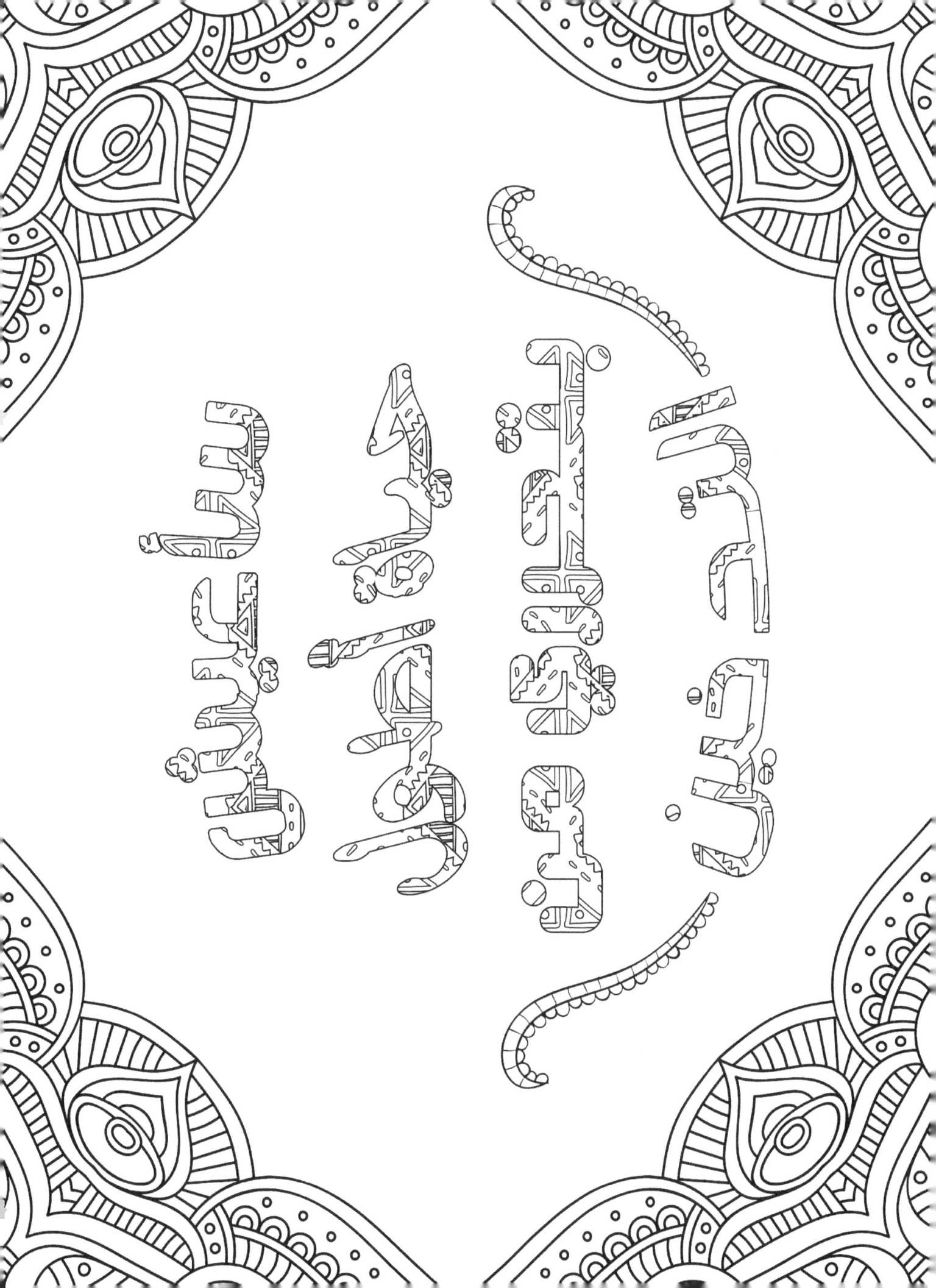

أحب كوني مقلع عن التدخين

١-

٢-

٣-

٤-

٥-

* استخدم ألوان مختلفة

أحب
كوني
مقلع عن
التدخين

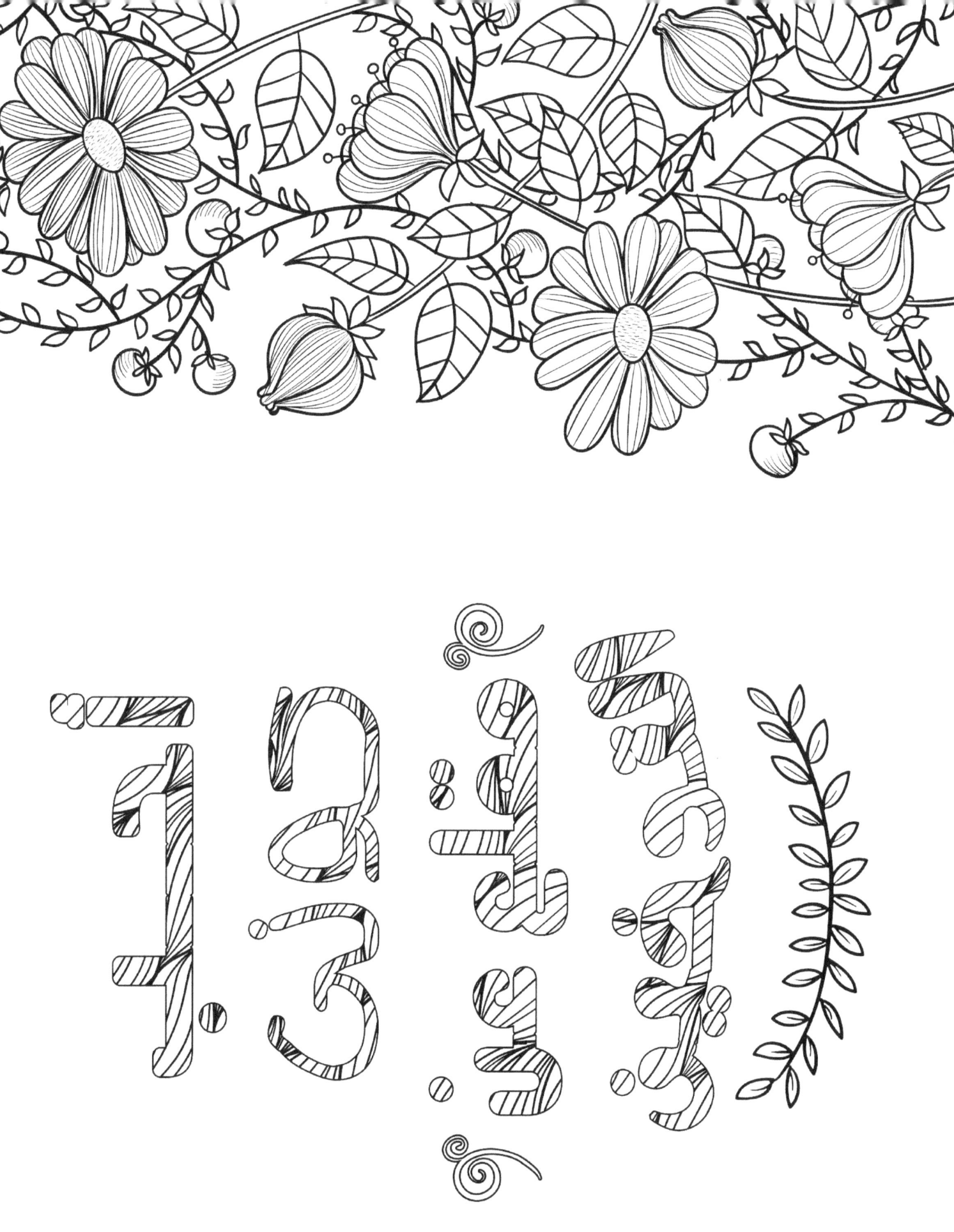

أستمتع بحياتي بدون التدخين

١-

٢-

٣-

٤-

٥-

* استخدم ألوان مختلفة

أستمتع
بحياتى بدون
التدخين

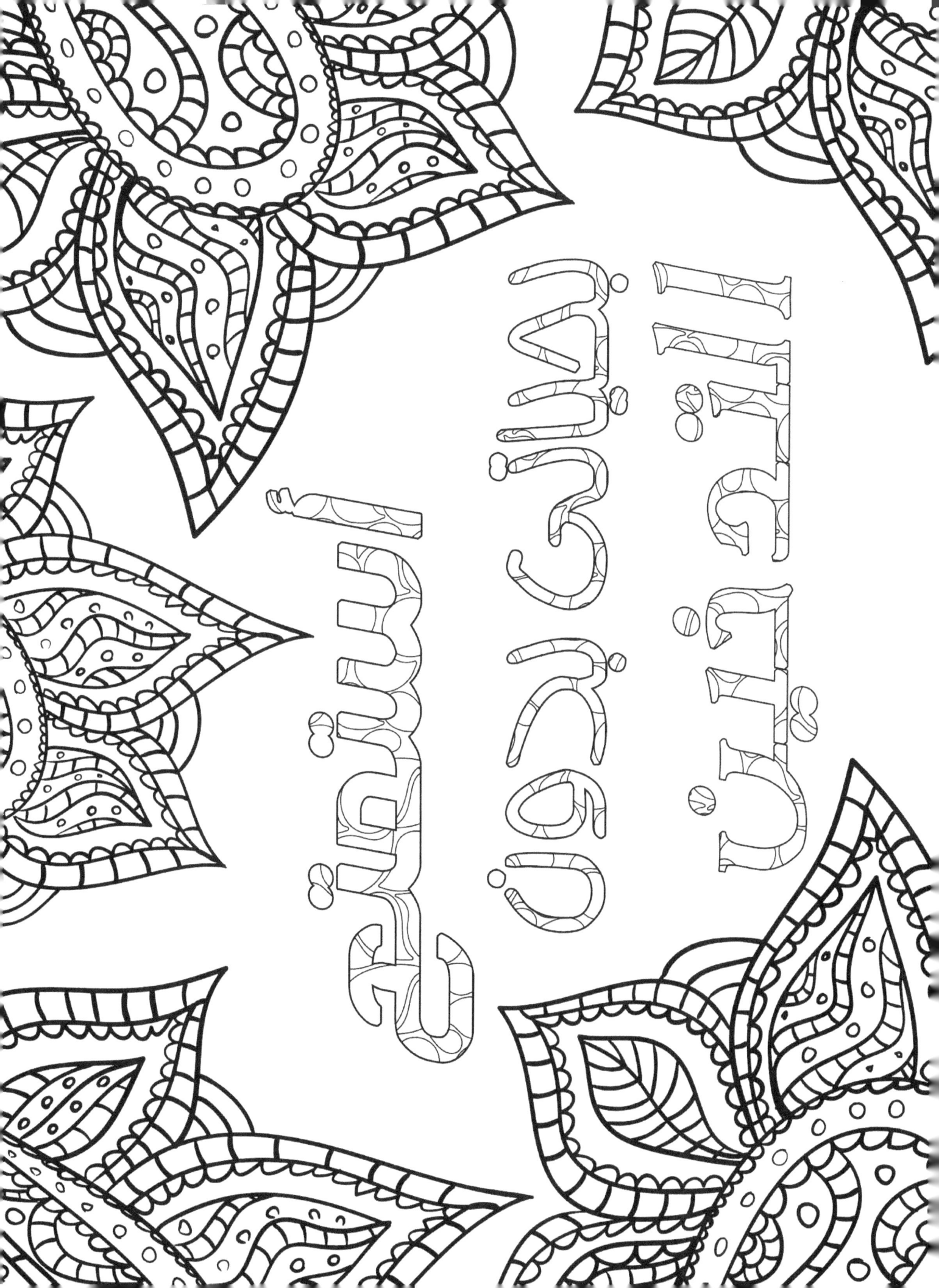

* استخدم الوان مختلفة

5-

4-

3-

2-

1-

نستمتع فقط

جسمي
نقي

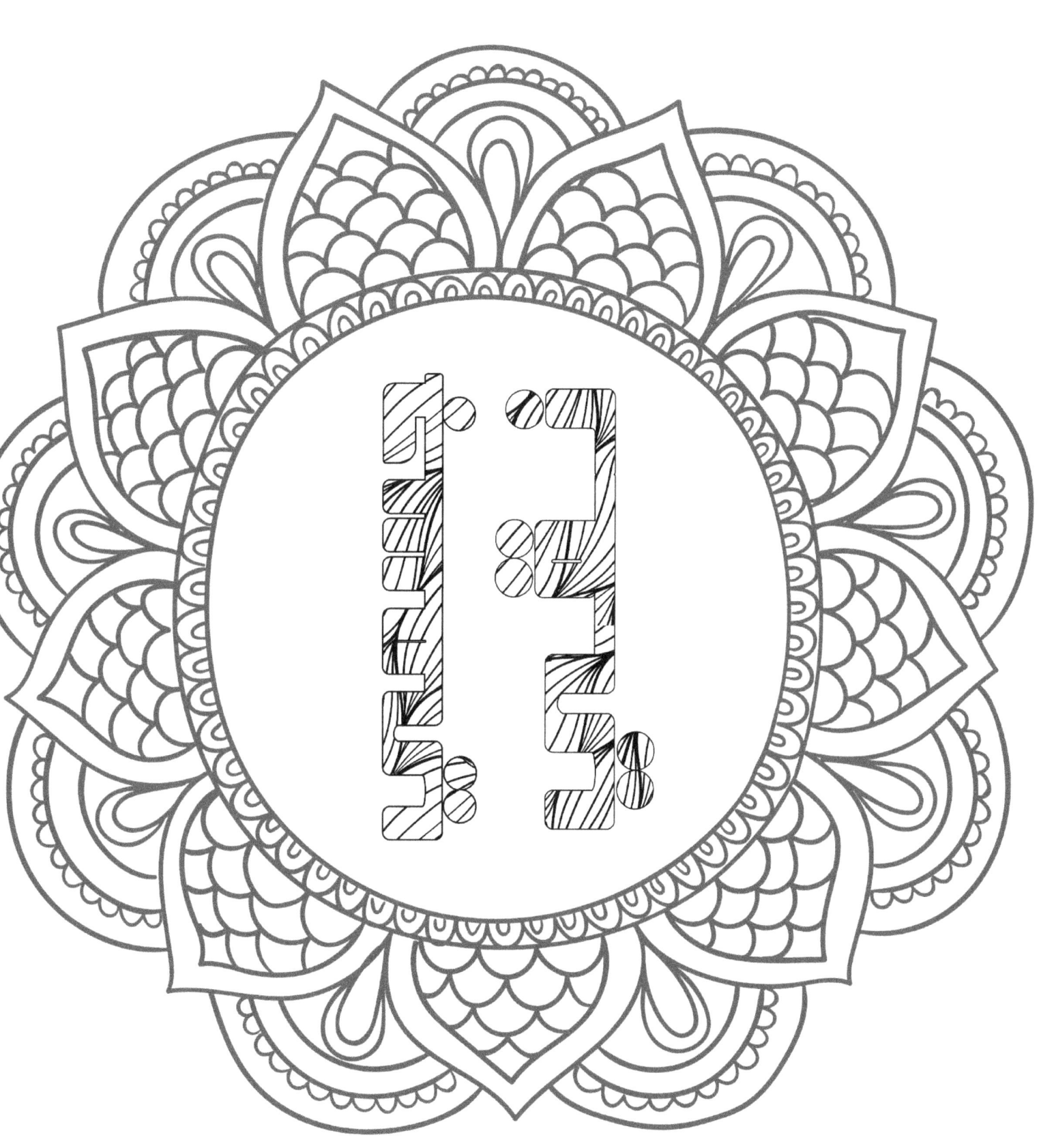

سأعيش حياة أفضل

١-

٢-

٣-

٤-

٥-

* استخدم ألوان مختلفة

سأعيش حياة أفضل

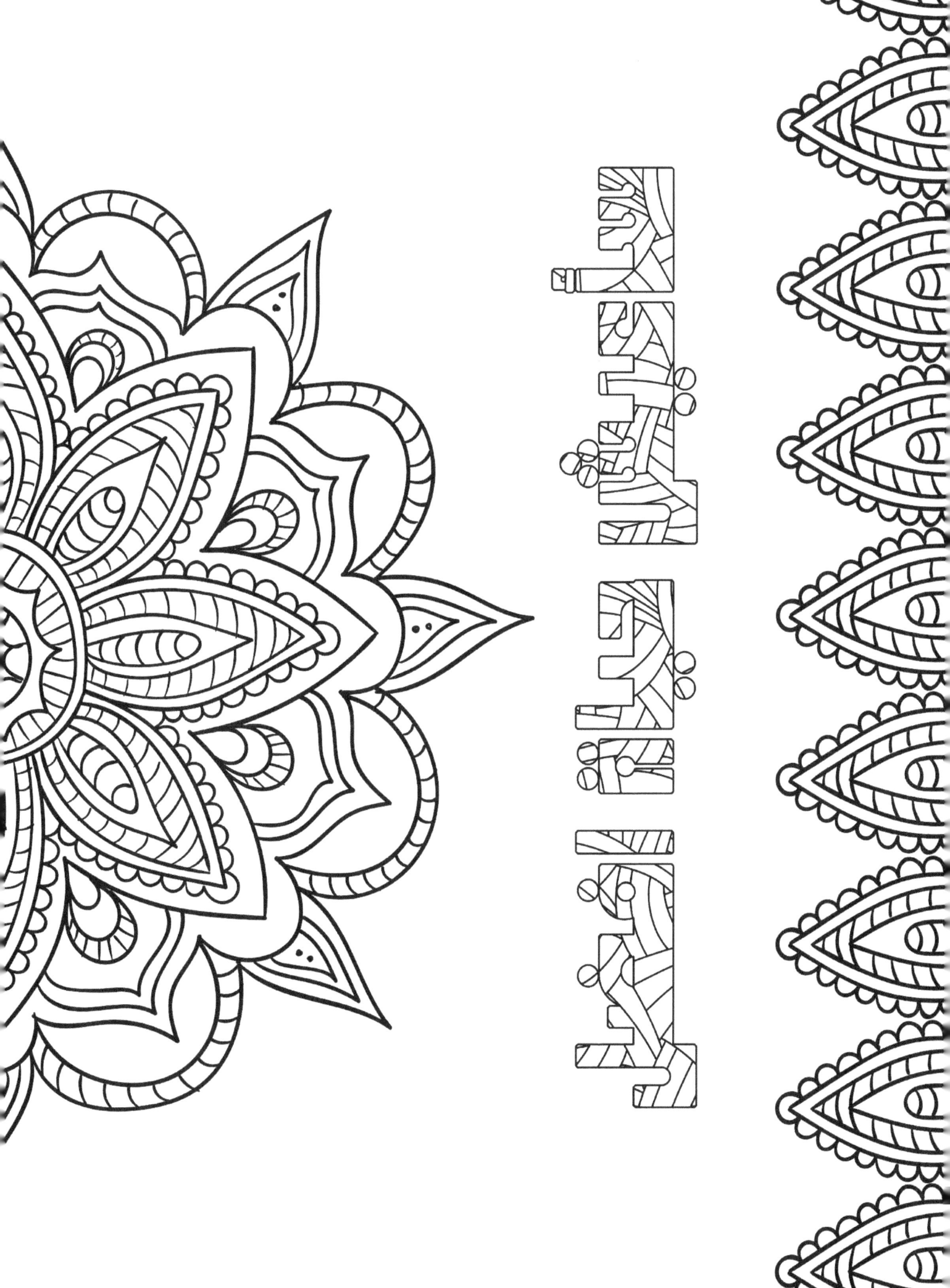

أنا الآن وإلى الأبد مقلع عن التدخين

١-

٢-

٣-

٤-

٥-

* استخدم ألوان مختلفة

..הכנו
חכמים
בקר טוב
מאוד!

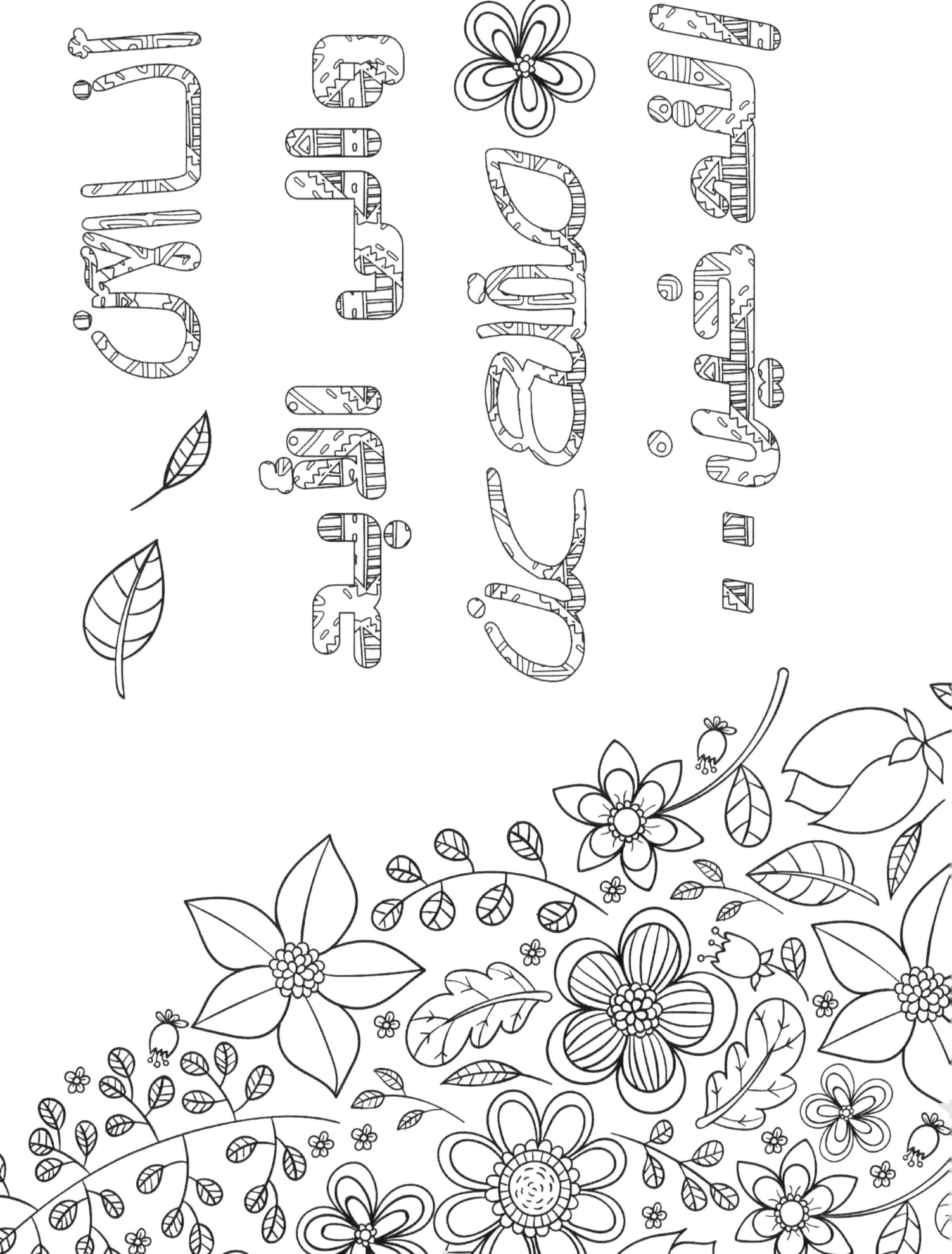

أشعر بالراحة بدون التدخين

١-

٢-

٣-

٤-

٥-

* استخدم ألوان مختلفة

أشعر
بالراحة بدون
التدخين

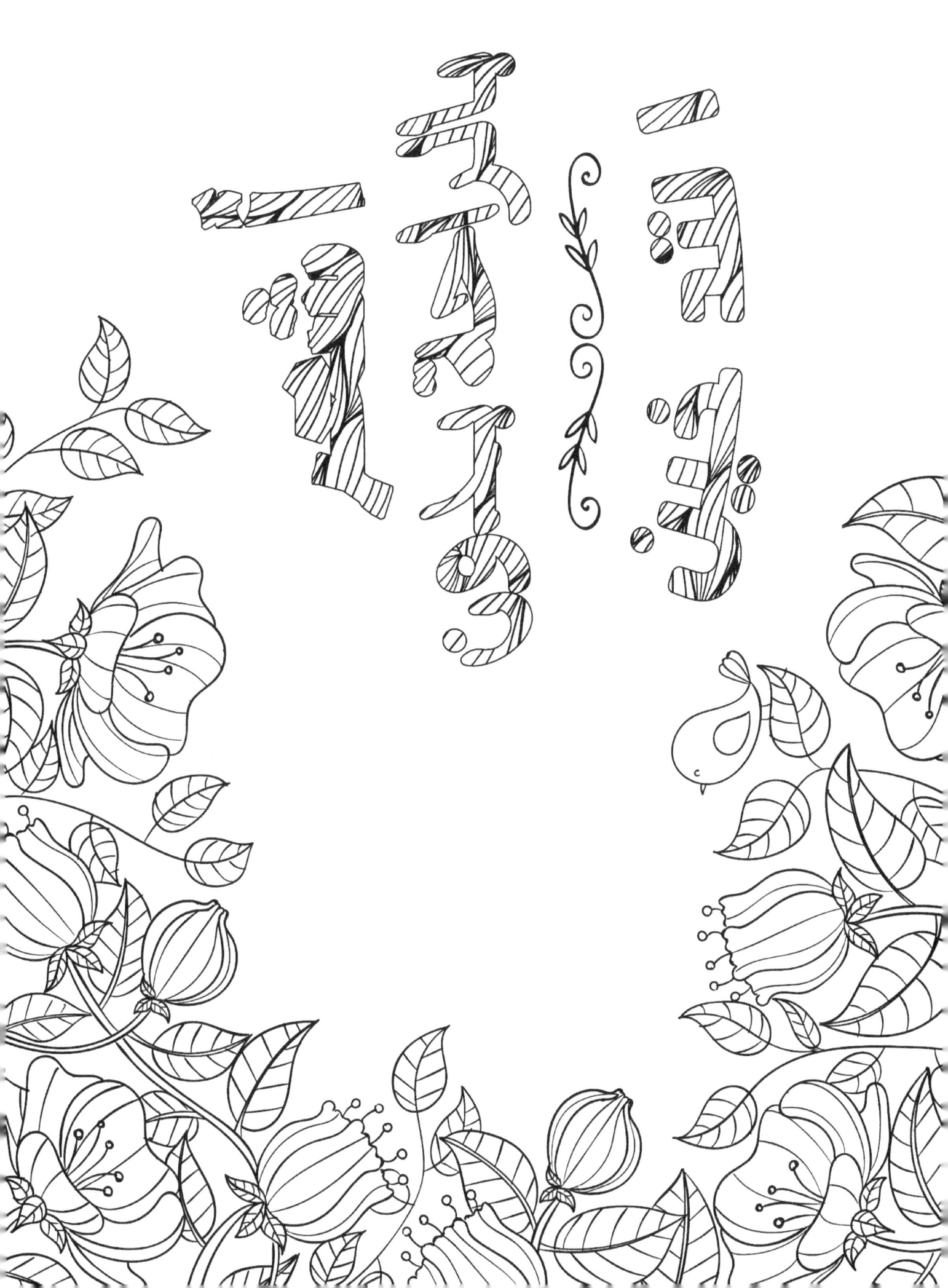

أشعر بأني أكثر صحة من السابق

١-

٢-

٣-

٤-

٥-

* استخدم ألوان مختلفة

أشعر بأني

أكثر

صحة من

السابق

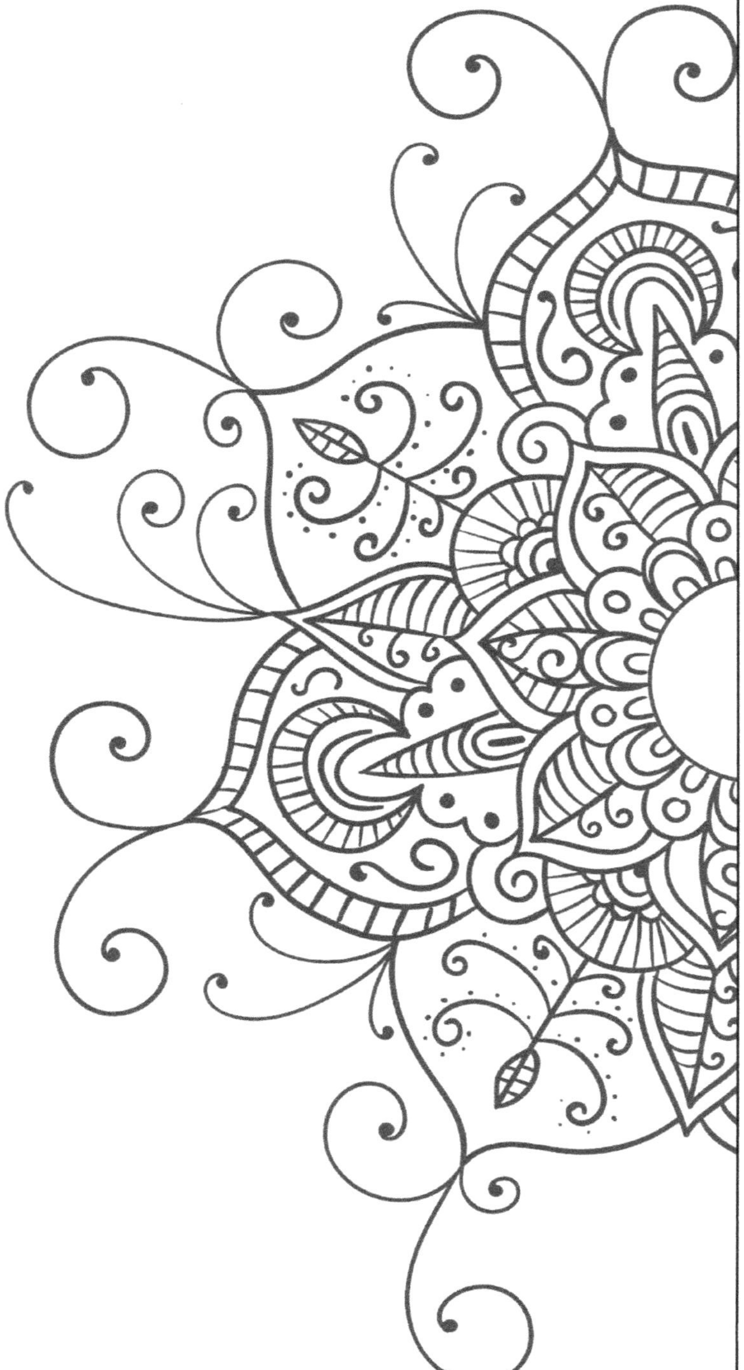

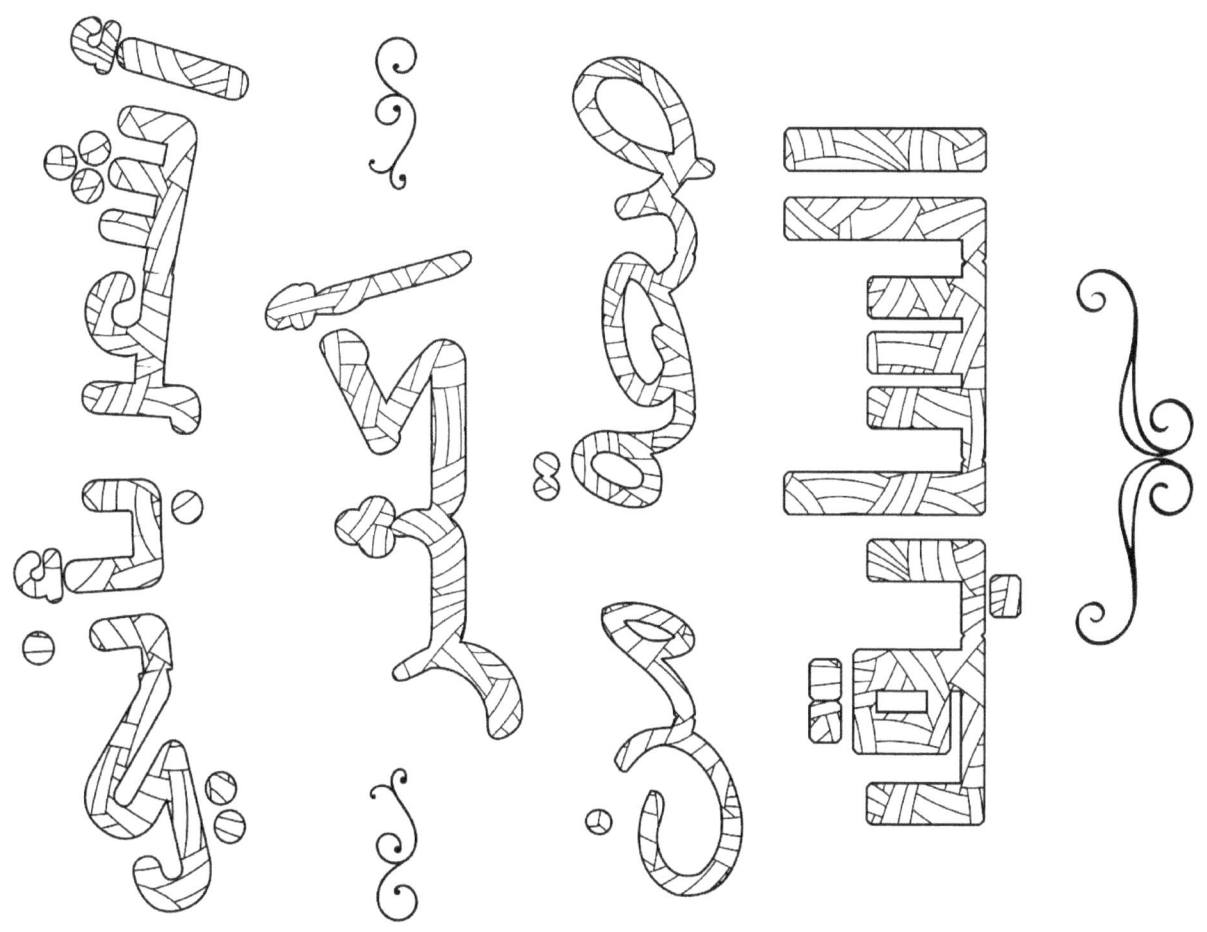

www.ingramcontent.com/pod-product-compliance
Lightning Source LLC
Chambersburg PA
CBHW081132180526
45170CB00008B/3084
9781546617716